子どもと関わるすべての人に

大人の健康が子どもの成長の土台となる

しい

Parade Books

はじめに

さて突然ですが、あなたの目の前の大切な子どもは、最近ご機嫌にご飯を食べていますか。いや、そんな呑気なことを言っている場合ではなく、毎日手がかかって困っているとか、家や学校で問題行動を起こして心配しているとか、相談機関や警察にまでお世話になって心身ともに疲れ果てているとか、とにかく何とかしたいのにどうすればいいのか途方に暮れている……という人も多いのではないでしょうか。

大切な存在であればあるほど、どうしてもあなたの注意は子どもに向きます。限られたエネルギーのほとんどを子どもに注ぎ続けていきます。これは当然で仕方のないことなのでしょうか。

もしこれらすべての原因が子どもにあると感じているのであれば、あなたの抱えている心配は、この先解決することはないかもしれません。

我が子に何か問題が起こった時、一方的に地域や学校に責任を追及することは、自ら貴重な協力者を遠ざけていることになります。反対に「親が悪い」「家庭が悪い」という地域や学校は、かなりの危険信号でしょう。

目次

第1章 いろんな現実《リアル》があるということ

教員になるまで

私は昔からとにかくいい子でした。親に反抗するどころか意見すら言わず、言われた通りに過ごすことが多かったのです。ですから本当に家にいることが息苦しく感じられていました。

「あれはダメ」「これをしなさい」「親の言うことを聞いておきなさい」。そう〝口答えしなさんな〟が親の口癖。

戦争孤児の父と、戦争直後に生まれた五人兄弟姉妹の末っ子の母は、命と隣り合わせの人生だった為か繊細さとは無縁の人たちでした。

顔色を伺いながら少しでも意見しようものなら、たちまち親の顔が豹変し、よく手や物が飛んできたものです。そして成長するにつれて、自分の気持ちがだんだん見えなくなっていきました。

自分は何を感じ、何を考え、何がしたいのか……。

二十代前半のある日、小学生時代からの友人に誘われ旅行へ行ったのですが、その旅先で知り合った男性と結婚することを決めました。何でもいい、とにかく家から出たかった。今から振り返れば、一人暮らしでもシェアハウスでも他の方法はいくらでもあったのですが、当時の私にはその方法しか思いつきませんでした。

やっと自分の人生を生きることができる、と期待で胸が膨らんだのもつかの間、それは悪夢の始まりでした。

家計を圧迫するほど金銭管理のできない夫に、お金について話をする度に平手が、拳が、物が飛んできました。お酒が入ると事態はさらに悪化します。髪の毛を鷲掴みにされ、そのまま壁に頭を何度も打ち付けられることもありました。

「死ぬってこういうことなのか」と思いながら、気力も体力も完全に失い、抵抗できない自分が悲しくなりました。やはり親の言う通り、私が選択するとこのような結果になるのか。そうして「言いつけを聞かなければ痛い目にあう」という情報が、アップデートされていきました。

そんな中、望んでいた子どもがお腹にいることがわかりました。これで彼は変わるかもしれない。淡い期待を胸に過ごしていましたが、どれだけ時間が経っても何も変わりませんでした。

それどころかある晩、海辺をドライブしていた時、機嫌の悪かった夫に車中で大きなお腹を殴られ、生きている意味がわからなくなり、まだ見ぬ息子と二人で海に入って行ったことは、三十年近く経った今でも鮮明に記憶しています。


おかしな話ですが、同時にこの人を絶対に変えてみせるのだ、という気持ちもありました。もし夫を変えられなければそれは私の力不足なのだ、という感覚だったように思います。

「女の子ができたら変わるよ」。そんなママ友の言葉を支えに三年後、偶然にも娘が生まれました。結婚に反対していた親にも相談できない中、家計を支える為に一円でも節約しようと、乳飲み子を抱えながらスーパーをはしごすることは日常茶飯事でした。

そんな私の行動とは裏腹に、夫の派手な出費も相変わらずだったので、常に家計は火の車でした。当然、夫に様々なアプローチを続けましたが、やっぱり何も変わりません。反対に心身に対する暴力が増すばかりでした。

ある晩、酔って私を狙った夫の拳が、あやしていた生後五か月の娘の頭に当たってしまいました。

「子どもを守る為に今すぐ逃げなければ」

父親のいない子どもにしてしまっては可哀そうだとずっと耐えてきたのですが、それが間違いだと気付いたのは、結婚して四年も経った頃でした。

酔った夫が寝ている隙に、こっそり押し入れに隠していた避難セット「オムツと財布」、そして娘をベビーカーに乗せ、近くの交番に駆け込みました。警察官が不在だった為、内線で本署に助けを求めた後、カウンター下で娘を抱え、息を潜めて迎えを待ちました。きょとんとした表情で私を見る娘に不安を感じさせまいと、必死で微笑みました。

「どうか見つかりませんように」

深夜、パトカーの中から眺めた建物の壁に反射する回転灯の明かりは、今なお目の奥に焼き付いています。

その日、当時三歳だった息子が私の両親と遠方にいたことは、夫から逃げるには不幸中の幸いでした。

避難先の実家の鍵を持っていなかったので、その夜は警察署の長椅子をお借りすることになりました。ところが安堵していたのもつかの間、ここで思いもよらぬ言葉を聞くことになります。

「奥さん、どうせ旦那さんに余計なことを言ったんでしょう。旦那さんが頑張って稼いだお金くらい、好きに使わせてあげてよ」

警察官は苦笑いしながら、私にそう言いました。

《配偶者からの暴力の防止及び被害者の保護等に関する法律》いわゆるＤＶ防止法施行の前年、二〇〇〇年の出来事でした。

翌日、実家に向かう通勤ラッシュの車中で、母乳で薄汚れたＴシャツを着た全身あざだらけの私を、好奇の視線が突き刺していました。

実家の扉を開けると一言、「ほら、やっぱり後悔したでしょう」。

本当に私はバカだった。少なくとも今よりはずっと。

成長してしまうと、人は簡単に変わることはできないのだ。

夫や親や、そして私のように。

そんな緊張が続いた結婚生活の中でも、ほんの少しだけ心が和らぐ時間がありました。我が子との散歩コースにある小中学校から、楽しそうな音楽の授業の様子がきこえてくる、そのほんのひと時。出口の見えない暗闇にいた私にとって、そこだけはあたたかで優しい場所でした。

「学校の先生になりたい」

できるだけ成長過程の早い段階で人格形成の役に立てれば。そして我が子たちが自慢できる仕事で立派に育てあげられれば。それならたったひとりでもできる気がしました。

調停離婚が成立、親権も取り戻し、仕事と家事と子どもを抱えながらも人生で一番勉強しました。しかし、あまりにも睡眠時間を削りすぎた為か、採用試験の二週間前に、突然声が出なくなったのです。教科は音楽。今まで頑張ってきたのに、これでは実技試験ができない。すぐさま病院へ駆け込みましたが「過労とストレスが原因だから、とにかくゆっくり休んで」と医師は言います。私には時間がない。無理を言い、強めのステロイド剤を処方してもらったのですが、結局、試験当日まで声が戻ることはありませんでした。

それだけが原因ではないのでしょうが、試験は悔しい結果となりました。子どもを抱えての生活がかかっていたこともあり、落ち込んでいる暇もなく、すぐに一から問題集を読み直し、翌年に備えました。三十も過ぎた二人の子持ちの私が、疲れた頭でいくら暗記しようとしても、十入れたら九出ていくくらいの進捗状況だったのですが、二度目で何とか合格。

「今までの経験を糧に、一生この仕事でたくさんの子どもたちの役に立とう」

強く心に誓ったことが懐かしく思い出されます。

たくさんの先輩たち

はじめて配属された学校の子どもたちは、パワー全開でした。

墨汁を床にまき散らす、二階の窓から椅子や机を投げ飛ばす、ハサミや彫刻刀が飛び交う、消火器を廊下一面に噴射する……今から思えばかなり衝撃的な光景だったのですが、当時はそれが当たり前だと思っていたので特に疑問も持たず、必死で子どもたちと向き合いました。優しくもあり厳しくもあった先輩方の惜しみないアドバイスや指導、そして背中でも常に手本を示してくださっていたおかげで大きな不安はなく、反対に仕事へ行くことが楽しみで仕方がありませんでした。「何かあったら先輩たちが必ず助けてくれる」というお守りがいつも胸にありました。気付かぬところで数々のフォローをしてくださっていたはずで、未熟な私にとっては非常に恵まれた環境でした。

子どもたちは相変わらず元気いっぱいでしたが、それでも職員室はいつもあたたかで、教職員一同、笑顔で力を合せながら子どもたちの成長を見守ることができました。まだ経験も浅く、状況をよく把握できていなかったこともあるとは思いますが、それが私にとって最初で最後の理想の学校でした。

事情があり、両親がいるにもかかわらず祖母のもとで育てられていたある男の子は、寂しさからか授業中に必ず飛び出して何かとヤンチャをしていた有名人だったのですが、当時の自分を見守るあたたかな環境を高校生になっても覚えていて「あの時はお世話になりました。僕は今、学校の先生になる為に勉強をしています。おばあちゃんも応援してくれています」という年賀状を送ってきた実例は、多くを物語っているでしょう。

その後、情報化社会の拡大、少子高齢化、コロナの出現、景気の低迷など、社会の大きな変化とともに教育現場も大量退職の時代を迎えていきます。

ありのままの価値

人は何かできないと価値がないのでしょうか。何か持っていないと価値がないのでしょうか。ただそこに存在するだけで既に十分な価値があるのに、人はなぜか条件をつけてしまう。そしてそれを人に強要してしまう。よかれという一方的な大人の思い込みで、かえって余計なことをしている為に、本来の子どもの能力が削がれていき、自信をなくしていく場面をよく目にしてきました。

学校ではよく「自分が好きで塾やその他の習い事に通っているのか」ということを子どもたちに尋ねてきたのですが、大抵は顔を曇らせ首を横に振ります。「行かないと親に怒られるから」「嫌な事を頑張って続けていたら後から役に立つんだよ」そして「あんたは馬鹿だから塾に行かないとダメだって親に言われて、自分もそう思うから通っている」と悲しそうに話す子どももいました。そしてこう続けます。「本当はやめて自分の好きなことをしたい」「もっと友だちと遊びたい」。

中には大人の言葉に関係なく、自らやる気や意味を見出して習い事に通っている子どももいるでしょう。

しかし「これをすれば、これがあればうまくいく」「これをしないと、これがないと落ちこぼれていく」どちらも不安を煽る言葉に違いありません。

『子どもが育つ条件』（柏木惠子著　岩波新書）では「親のできるだけのことをしてやる弊害」が記されています。「『よかれ』が子どもに強く長く続いた場合、『よかれ』との親の善意は、子どもにとっては自分を無視し、自分の道を捻じ曲げる暴力に映じることになります。（中略）夢や期待からとはいえ、それが子どもの意思や望みに反し、子の特質には合わない場合、それは『愛という名の支配』となる」とあります。

目の前の子どもがご機嫌で美味しくご飯を食べているのなら、それがすでに安心した環境で心身ともに元気に成長している証拠なのです。

あなたは存在価値を見出せなくなってしまった子どもを見たことがあるでしょうか。食欲を失い、目から光が消え、あらゆることから興味を失い、そして周りに反発する気力さえ失い、生のオーラというオーラが消えるのです。息をするにも精一杯の彼らに「命を大切にしなさい」とか「死ぬ気でいたら何でもできるはず」などと声をかけることは、ますます子どもを追い込むことになるのです。

このようなケースは何も特別なことではなく、対岸の火事だと捉えているとしたら非常に残念なことです。

「この問題は○○歳になったら解決します」という保証はどこにもなく、確実に大人の引きこもりや自殺に繋がっており、実際によく知られている八〇五〇問題、九〇六〇問題（※長年引きこもる子どもとそれを支える親などを例とする二〇一〇年以降の日本に発生している高齢者の引きこもりに関する社会問題）になっているではと推察しています。

ほんの少しでいい、社会の価値観を疑いませんか。そして子どもの生まれ備わっている力を信じてみませんか。放任でも過干渉でもなく「ただ信じて見守ること」の難しさは、私の永遠の課題でもあります。

あまりにも過剰で一方的な大人たちの価値観で作られているこの世の中で、精一杯生きている目の前の子どもが、ただただ笑顔で美味しいとご飯を食べているとしたら、それは奇跡なのです。そんな宝を失ってから気付くのでは、もう遅いのです。

あなたの役目は必ずある

子どもは「家庭・地域・学校」の三つの社会の中で影響し合いながら育つ、ということは教育界ではよく知られています。ひとつが他を補うことは難しく、それぞれの役目はそれぞれにしかできません。

しかしこの三つのどれかが、またはすべてが欠けている子どもが多いのも現実です。

●ネグレクトや過干渉、夫婦喧嘩が絶えない家庭
●子どもに無関心、または否定的な地域
●人手不足や溢れかえる業務で荒れている学校

あなたの近くの地域や学校の子どもに何か問題が生じた時、それが相当な迷惑行為であれば、責めたくなるのも心情として理解できますが、だからといって親の育て方が悪い、とすべてを家庭の責任にすることは何の解決にもなりません。その親の多くは諸事情を抱えながら、必死に踏ん張っていることも忘れてはならないのです。ましてや、当然その家庭のすべてを知る訳でもなく、目の前のほんの一部を切り取っている自覚もないまま「親として子どもにきちんと向き合っていないのではないか」と問い詰めることは言葉の暴力でしかなく、ギリギリで踏ん張っている親のエネルギーをさらに奪っていくだけで、事態は悪化の一途を辿ることとなります。

『普通をだれも教えてくれない』（鷲田清一著　ちくま学芸文庫）では、大人が理想とする子どもの生活環境について「家庭はその実質がいろんなところで崩れ出しているし、街にはかつてのような濃密な地域社会は存在しない。ともに足腰が弱っていて、思春期の子どもを引き受けることは難しい。（中略）教育のスタンスを変え、学校を変えていかねばならない。教育機会の多元化や教育期間の短縮、学年制のあり方などを、具体的に踏み込んで議論し直す必要があるんではないか。（中略）戦後の都市設計は、図面を眺めて、学校や百貨店、コンサートホールなどを分配する。よかれと思う、意味のある名詞を『主語』として街を造った。（中略）大人も子どもも行き詰まったり、落ちこぼれたときの〝逃げ場〟がない。安全で美しい街だが、生きにくい。なにしろ、くつろいだり隠れたり出来る『吹きだまり』が身近にないわけですから。（中略）私たちが住みよい街、つまりそれが『アメニティー（快適性）』だと思い込んできたものは、実は間違いではなかったのか」と当時起こった少年犯罪を例に挙げて語っています。

この本は二〇一〇年に第一刷が発行されており、さらに遡り一九九七年のインタビュー記事（毎日新聞）を載せていることから、今から二十六年以上も前からすでに警鐘が鳴らされていたのです。

「フォースプレイス」、誰もが作れる第四の場所。自宅でも学校でも施設でもないその場所は、NPOや一般社団法人でも見られますが、形はもっと多様であっていいはずです。人生に繋がるその場所が、時代とともに広がりつつあることに、ささやかな希望を持っています。

本当の幸せは目に見えない

近年はヤングケアラーという言葉も出てきましたが、貧困問題も含めて家庭の様々な問題は、相変わらず大きく取り沙汰されている通りです。

ある学校では、大変裕福な家庭が多くの割合を占めていました。メディアでよく見る高級マンションや、レンガ作りの大きな一戸建てばかりの街並みが、それはそれは立派な雰囲気でした。

宿泊行事では「いつも○○（高級寝具）で寝ているから宿の敷布団では体が痛くて眠れなかった」、授業では「鉛筆がなくなったけれど、また買ってもらえるから大丈夫」。そしてその鉛筆がなくなったことにさえ気付いていない子どももたくさんいるという状況だったので、落とし物ボックスはいつも満杯でした。一年中、誰かが休みをとって家族旅行へ出かけていて、長期休み前後は、恒例の海外旅行の報告をしてくる子どもも少なくありませんでした。また急にアメリカのサンフランシスコに転校した子どももいたり、参観日にはビシッときめた光沢のあるスーツに何らかのバッジをつけた国際的な保護者も多かったりと、とにかく私には裕福感満載の地域でした。

赴任当初は正直うらやましい気持ちもありましたが、毎朝、最寄り駅で降りて職場に向かう道中で、ものすごく怪訝な表情や疲れきったオーラを醸し出しながら、駅に向かう多くの人たちとすれ違う度に「この人たちは本当に幸せなのだろうか」と疑問が湧き出てきました。すれ違うには道幅もかなり狭かったこともあるのですが、よく体当たりされては、よろけながらも毎日その人たちを観察することで、幸せとは何か、と自分に問いながら通勤していたものです。

あの中に養育者と呼べる人がいた可能性は極めて高く、その子育てを想像すると、何とも言えない気分になります。

別の学校でも、困り感（落ち着きがなかったり、問題行動をとる子どもに対して教育現場で使われる感情表現）いっぱいの子どもが多い地域があったのですが、約八割の家庭で無理をして組んだという住宅ローンを抱え、共働きをしていたことを思い出しました。

また十歳にも満たない子どもを持つ親の話でしたが「お風呂上りの子どもの髪の毛にドライヤーをかけていると色々と話しかけてくるので、そんなことを言っていないで九九を頑張りなさい、と注意しています。毎日忙しい中で、そのわずかな時間も無駄にしないよう、計算問題を出して子どもの為に頑張っています」と真面目に語っていた人がいました。一日の出来事やその時の気持ちを、大好きな親に聞いてもらう貴重な時間であるにもかかわらず、親の方は日常会話より九九の方が大切らしいのです。

すっかり歪みきった世間の価値観に洗脳されてしまっているようで、子どもの気持ちを思うと胸が締め付けられるのですが、このような事例は未だ散見されます。

どの時代も、子どものＳＯＳは様々な形であらわれています。しかし私たち大人に余裕がなければ、どうしてもそれを常時見逃してしまう。「自分のしたいことを味わいながら生活していること」と「キャパシティがオーバーした状態で過ごしていること」の違いを見直してみませんか。

子どもにとって、そして私たち大人の本当の幸せとは何でしょう。

そうかもしれない症候群

朝の満員電車で足早に倒れこむように席に着く。まだ一日が始まったばかりというのに、まるで疲れ切ったサラリーマンのように目を閉じる。私が毎日見かける小中学生の話です。

「苦しみを乗り越えて成長すること」と「犠牲を払って時間やエネルギーを消耗すること」はまったく別物。

「ブランド力の高いこの学校に行けば安心」「この塾に行けば、家庭教師を雇えば安心」「これを習えば安心」「この参考書や教材を購入すれば安心」。まるでそれをしなければ人生がうまくいかなくなるかのように不安を煽る情報が、シャワーのように流れ続けています。どれもこれも企業戦略に感じる人は、今の社会を見渡す限りかなりの少数派のように見えます。

社会が経済で回っていることは当然なのですが、大人の利害関係で生まれる世間のキャッチコピーばかりに踊らされず、本来持っている子どもの気持ちに沿いながら、本当に必要かどうかの本質を見極めることができる大人がどれだけいるのか、ということです。

進学してもしなくても、有名大学でもそうでなくても、その子どもにとって必要な選択が何なのかは本人が一番知っているのです。広告や学校や親からの溢れかえる情報で混乱すると「そうかもしれない症候群」となり自分の気持ちが見えないまま、知らぬ間に周りの情報に流されていきます。さらにそれが苦しくなってくると心身に歪が出てきます。

先述した電車の子どもたちの睡眠時間はどれくらいなのか、彼らは幸せなのか、彼らの未来はどうなるのか、ただ心身の健康が心配なのです。

子どもの課題より大人の課題

毎日のように、報道で子どもに関する悲惨な事件を目にします。仕事柄、警察や家庭裁判所や児童保護施設、児童相談所などにも関わってきましたが、どの子どもも本当に優しく、かわいい笑顔が印象的でした。そして自分はたくさんの人に迷惑をかけたと悲しそうな面持ちで語ってもいました。

私から見ると彼らには共通することがありました。時折見せる不安な表情。問題行動のきっかけのひとつに「安心が完全に失われたと判断した時」があるようでした。誰しも生きる土台に「安心」がないと自分を保つことはできません。安心にも人それぞれのレベルがあるのですが、その子どもにとっての安心が究極に失われた、もう手に入れることはできないと感じた瞬間に、自分を保ち生きる術として、本能的に問題行動を起こすことがある、と彼らを見てつくづく感じていました。

逆に幸せで安心に満ちた人にはその必要はないし、またそのスイッチが入りにくいでしょう。もちろん私たちから見た彼らの問題行動の要因は実に多様かつ複雑であって、一言で表現できるような簡単なものではないのですが、それが大きな理由のひとつであろうということです。

私たちが常に大切だと言っている自己肯定感や生きる力、ましてや学力は、決して安心なくして得られるものではありません。

触法であろうとなかろうと、他人に迷惑をかける行動を取る時には、通常行われている厳しい指導や反省よりも、まず大きな安心で包み続ける場所や存在が重要です。中には医療的ケアを要するなど、先天的な問題もあるでしょう。同時にこれまで大人が作り上げたこの社会で過ごしていくうちに、本来、純真無垢で生まれてきたはずの子どもの安心が、ごっそり削がれているという意識も少し持ってみる必要があるようです。

動物を例に挙げることに批判があるかもしれませんが、虐待などで安心を失った動物のケアがどのようになされているのかをテレビで見たことはありませんか。人は動物よりもっと感情豊かですし、繊細で複雑で愛を必要とする生き物です。決して甘やかすということではなく、その子どもにとっての安心をどのように提供するのかは、私たち大人の課題でもあるのです。

被害者がいる場合は、もちろん被害者側に最大限の配慮やケアは必要ですが、当事者ならまだしも、皆がこぞって加害者を非難したところで何の解決にもなりません。確かに声高らかに大勢で発信することは気持ちがいいのかもしれませんが、自分の正義が二次的に被害を生むことに繋がりかねない、ということも大人の良識として学ばなければいけません。

できる限り多くの存在が、冷静かつ客観的に事実確認をした上で分析すること。それができないのであれば、ささやかでもいい、誰もが安心して暮らせる世の中にしようと意識し続けること。

これが相当難しいことは言うまでもありません。

第2章

大人の理想の子どもたち

教科という枠組み

人の成熟に向けて必要な、要素や学び方は幾通りもあるはずです。主要五科目や実技・芸術科目、いわゆる学校で学ぶ教科といわれるものだけでは、個々に応じた必要な力や魅力は到底はかれるものではありません。既存の教科を通して学ぶこともあるでしょうが、それはほんのごく一部です。協調性・客観性・感受性・受容性・知識・体力・計算力・読解力・記憶力・発想力・想像力・創造力・判断力・決断力・観察力・挑戦力・忍耐力・統率力・応用力・包容力・見通す力・折り合いをつける力・受け流す力・見守る力・見極める力・優しさ・強さ・柔軟さ・繊細さ・匙加減……挙げ始めればきりがありません。しかし、すべて必要かといえばそうではなく、むしろ自分は何が強みかそうでないかを知ることが重要です。

たとえば「協調性」。

特に学校では「みんなと仲良くしましょう」などと言われますが、たとえ子どもであっても一人でいることが性に合っているとわかっているのに、どのような時も集団に入り、無理に相手に合わせ、場を和ませるようなことは苦痛の他なりません。そうしている時間にもっと必要でできることがあるはずで、結果的に人の役に立つこともあるのです。その場において、最低限必要なやり取りができればそれで十分。もしくは初めから関わらなくても済むのであれば、その場に行かない選択をあえて取るということも。

続いて「計算力」。

計算の苦手な子どもに悲痛な表情で苦痛な時間をかけさせ、ここまでできないとダメだなどと、こちらの事情を押し付け、執拗に取り組ませることもまた強制であり、彼らは自信を失うだけです。今は電卓どころかＡＩに「５×５は？」と尋ねるだけで答えが出る時代。

ただまったく初めから経験する機会を設けない訳ではなく、ある程度経験したらそれについての向き不向きをなるべく早く察すること。そして舵をきる手伝いをする。

職人のようにひとつのことを探求する生き方もある一方、世の中に存在する数多くの手段の中で、自分がうまく活用できる選択肢を知り、その中から選択・活用するのもこれから必要な力です。まず少し経験して「知る」ことで自分にあった選択肢が見えてくるのです。

誤解のないように付け加えておくと、この世の無数のものをできるだけ多く経験させたい、という気持ちがヒートアップしていくことは考えものです。これでは過剰な押し付けとなってしまうので、欲張らず、ゆっくりと見極めていくことが大切です。

長年続く受験制度も疑問だらけです。特に受験シーズンとなると、する側もされる側も点数だけに一喜一憂していることをどうしても冷ややかな目で見てしまうのですが、何よりその結果で命を絶つ若者が多いことに胸が痛んでなりません。受験もよいのですが、もはやそれがすべてではないのです。

「生きる力の育成」と声高らかに発信している教育界。いい加減、方法も価値観も健全な世の中に変革していきたいものです。

私の話になりますが、あれだけ一生勤めあげると心に誓った教職を一度辞め（その後、再び教育現場に戻ることになるのですが）次の人生を模索していた時に、私の経歴を見た人材会社の人が「塾の先生はどうですか」と勧めてきたことがあります。すぐにお断りしましたが、その人が言うには元教員は私のような人間と、バリバリの塾講師とに大きく二極化していると語っていました。

そういう私も時代や環境に逆らうことができず、我が子の希望で塾に通わせた時期もあります。それはとても懸命な先生方でした。

そのように塾にも色々とあるでしょうし、すべての塾が良くないという訳ではないのですが、多くの塾が何の目的で存在しているのかを考えると、一度現場を経験した教員が、いったい今まで何を見て何を感じてきたのかと、勝手に悲しくなったものです。

今の教科という枠組みをすべての基準にしていることで、どれだけたくさんの素晴らしい能力や価値が埋もれているのかを想像してほしいのです。

子どもの人生に介入する権利は誰にもない

どうしても大人は勘違いしやすいのですが、子どもの時間や人生はあくまでも生まれた時から本人所有のものであり、たとえ親や教員であっても、大人の価値観を押し付ける時間にしてはいけません。先輩として知識や経験を「伝える」のはいいのですが、まるであなたは神様なのですかと問いたくなるほど、目の前の子どもの実態や事情をよく把握していないまま、意気揚々と自分の正義を、自分の物差しで強要している光景をよく目にしてきました。

ある福祉業界に勤めていた時の話です。「自制力・制御力」という名のもと、世に流出したら確実に虐待だと批判されてもおかしくないカリキュラムに注力していたところがあります。しかも大人たちは自らを疑うこともなく彼らが作り上げた信念を貫くことに必死でした。

カリキュラムが始まる前から子どもの顔がこわばり、徐々に怯えた表情に変化していき、時にはその場から逃げ出そうとする子どももいたのですが、それすら「嫌なことから逃げるのはよくない」と目を吊り上げ腕を掴み、自分たちを疑うこともありませんでした。

そして子育てに大きな不安を持っている親たちは、その「私たちが編み出したカリキュラムであなたの大切なお子さまの課題は必ず改善します」というそれらしいキャッチフレーズを、藁をもすがる思いで信じ、わざわざお金をつぎ込んで、心が委縮するような環境に我が子を託してしまうのです。

これまでに発達障害や特別支援教育を学ぶ機会が多かったのですが、子どもの課題だと思っていることのほとんどは、周りの大人が「こうあるべき、こうあってほしい」と作り上げた環境や価値観を押し付け、本来持っているはずのその子どもの能力、時には生きる力までもが阻害されることで、それが表面化しているのであろうと感じてきました。これは環境を選ぶことのできない子どもにとって、心身の拘束以外の何ものでもありません。どうか親に限らず、大人の願いは心の中でひっそりと留めておいてほしいものです。

医療や福祉の世界では現実的に難しいと思いますが、教育界に限って言うと「健常者」と「ハンデを持つ者」の二つに分ける体制もすっかり時代遅れです。何をもって健常者でハンデを持つ者と判断するのか。

たとえば、視力の弱い人が眼鏡をかける理由のひとつとして、スマホやパソコンなどの技術の進歩が個人の生活に大きく影響していることが挙げられます。もちろん本人の使い方にも工夫はいるでしょうが、だからといって眼鏡をかける要因のすべてが本人にあるというのは乱暴です。広い目で見ると社会の在り方が大きく関わっていることは否めません。目の前の子どもにとって、この社会が生きづらいだろうと案じた時には、どうしても子どもに要因を探り改善しようと考えてしまいますが、その前に社会の在り方自体に疑問を持つことは非常に重要です。目が見えない人には点字を、耳が聞こえない人には手話を、歩くことが困難な人にはバリアフリーを。そのように今後もますます社会の意識改革が求められます。物事の捉え方は決してひとつではなく、その人に合った職種や文化や地域（国）を選ぶことも生きやすさに繋がります。もし日本が今のような社会に変化していなければ、何の問題もなかった人はたくさんいるはずです。近年流行りの「発達障害」という概念も社会が変われば必要なくなるのではと考えていますが、人はどうしても理由をつけたがるので、同時に別の問題を作り上げていく可能性は高いでしょう。

さて、先ほどの会社の話の続きをすると、社員には安月給、さらに求人広告には昇給システムあり、と謳いながら蓋を開けると、実際は昇給システムの構想すらありませんでした。

対して家族経営だった役員たちは高級車を乗り回し、著名人だという社長の友人から購入した高級食材やサプリメントを、何百人もの社員が出席している会議の真っ最中に紹介する、という何ともお粗末な会社でした（そもそもあなたが渡しているこの給料ではサプリメントどころか生活もままならない、とみなさん呟いていました）。その高級車も、高級食材も、サプリメントも……そういえば社長夫妻の子どもを長期海外留学させる為に、インターナショナルスクールへ入学させると嬉しそうに社報に載せ語っていましたが、それも含めたすべてが、環境を選べない子どもが、大人たちの身勝手で心身ともに大きな傷を負うことによって得た対価なのです。

「私たちが編み出したカリキュラムで」と自信満々の社長夫妻が、我が子の教育環境をそのカリキュラムではなく、わざわざまったく関係のない海外インターナショナルスクールに決めたあたりを見ると「うちのカリキュラムはたいしたことありません」と自ら証明しているようなもので、非常に滑稽でもありました。

残念ながら学校でも似たような事例は未だ多く見られます。すべては関連しているので当たり前なのですが、人手不足を埋めるべく教員だけでなく管理職や教育委員会を含めた、教育界全体がこの数年で急速に若返りが進んでいます。経験の浅い若手をフォローする人材は大量に定年退職を迎え、心身を壊したり疑問を抱えたりして定年を待たずに現場を離れてしまう教員も多く、ベテランの教員数は激減しているのです。

その為、熱意ある経験の浅い教員が自分の物差しで子どもに向き合ってしまうことになり、それが子どもに良いはずもなく、昔に比べて事態は確実にこじれてきているように見えます。また数は力なり、数が多いと、それがそこの価値観として正しくなってしまうのです。そして熱意のある若い教員たちが自分たちの信念を貫こうと団結し、少数派の助言をかき消し、そのエネルギーを吸い取っていくところを何度も目にしてきました。

そして主に人をまとめる立場の年長者たちは、浦島太郎の場合が多いのです。もちろんそうでない方もいるのですが非常に希少です。実際に「あなたは決して管理職にならないでね」と思っていた何人もの同僚が声をかけられ管理職になっていきましたが、当時その自治体の管理職が三十人近くも足りなかった人手を埋めるには仕方のないことだったのでしょう。

いいえ、身内や友人が他の仕事に就いているから、他の職業のことも知っているという人もいますが、あくまでも身内は身内、友人はどこまでも友人であり、そのフィルターは決して仕事のフィルターとはなり得ないのです。

あなたの職場にもいないでしょうか。仕事のやり方が合わない、人の迷惑になっていることをわかっているのかいないのか、自分のやり方を押し通そうとしている、つまりあなたが仕事を一緒にしたいと思わない人、もっと言えば明らかに仕事ができておらず、足を引っ張っているという人。中には何らかのハラスメントに該当するのではないかという人。

実はその人が、他の人から見て、あなたの身内であり友人だったという可能性は否定できません。だからあなたにとって身内は一生身内、友人は一生友人なのです。どうか仕事の参考にはせず身内や友人として大切にお付き合いしてください。

話は戻りますが、何らかの形で子どもに関わる人には、最低限の表情を読み取るトレーニングや資格を必須にする法律か何かを作ってもらい、違反者は即刻検挙してほしいと常々思っているところです。

何の為に保育士資格や教員免許があるのかを考えたことがありますか。人格形成の一端を担い、人の人生を、大きく左右する非常に繊細で重要な仕事だからです。

もし子どもの表情の変化すら感じ取れないとなれば、何の資格も免許も持たない近所のお姉さん、おじさん、おばあさん、馴染みの店の人……の方が、子どもにとってずっと安心できる存在となるでしょう。

大人の役目は、その子どもの特性を感じ取り、本人にあった方法やペースで、将来納得できる時間をいかに過ごせるかを想像しながら、何気なく種をまくだけでいいのです。

その種を拾うかどうか
拾った種を植えるのかどうか
水や栄養を与え続けるのかどうか
花まで咲かせるのか
咲き終わった花をどうするのか

それらはすべて、子ども自身が決めることです。とにかく自分というものを知り、自分が生きやすいような対応ができる術を持てればそれでいい。

「限られた人生をいかに自分の納得のいく時間で埋めていくのか」

心配ご無用、これは決して自己中心的な考え方ではありません。納得して心が満たされていけば、人は自然と他人に目がいくようになるものです。タイミングは人それぞれではありますが。

私物という意識

ここでは「私物の時間」についてお話しします。フリーランスや個人経営でもない限り、労働者を抱える雇用者は労働基準法を守る義務があります。組織と呼ばれるところ、民間企業だけでなく特に税金で成り立つ公の仕事に関わる人はなおさらです。組織というところは個人の健康や家族の問題など、それぞれの事情や都合を抱えた、赤の他人の集まりです。採用時の契約に記載された規約以外は、強制できないはずなのです。

たとえば勤務時間。規定では九時から十七時だとしましょう。それ以外の時間は本人の私物です。教育公務員の休憩がとれない現状は、触法云々という以前に、人がいかに健康で働くことができるのかを理解していない証拠。

また雇用側が主導権を持って採用するのと同様、その組織に属すのかどうか、またいつまで属し続けるか否かは、雇用される側が主導権を持って決めることです。

ただお互いに「数ある仕事や組織の中から選択し、戦力となってくれてありがとう」「多くを背負いながらも、働く場を提供してくれてありがとう」という感謝の気持ちを常に持ち続けることは、言うまでもありません。

ここまで主に雇用される立場で書いていますが、その総数が多い現状を踏まえて、そして私自身が経営や管理などのマネジメントに関わる人生を真剣に考えた時に、知見を広げる中で体験してきたことを参考にしています。


さて次は「仕事の私物化」について述べていきます。規約以外は個人の私物であるとお伝えしましたが、対して規約内は学校、会社、組織の拘束内で働くことで対価を得ている為、お互いの為に従うしかありません。

中でも公の仕事について気になることをひとつ。税金で成り立つ公立学校を例に挙げると、ＳＤＧｓの観点からも残業はあってはならないのです。

以前、幼い我が子の世話をするのが面倒だと、退勤時間をとうに過ぎているにもかかわらず、職員室で延々と好きなことをして三年間を過ごしていた教員がいました。管理職もそれを容認しており、さらに「あなたも大変ね」と昼寝をしている彼にご丁寧にも毛布をかけていた先輩がいました。そのような例は一昔前の話かもしれませんが、現在、溢れかえる業務を必死でこなす為に、したくもない残業を強いられている教員が大勢いることは否定できません。

巷で言われる「定額働かせ放題」で節約しているはずのところ、逆に膨大な残業の為に、それに伴う光熱費を全国で支払い続けているこの矛盾。金額にするといったいいくらになるのでしょうか。

学習指導要領が十年毎に改訂されてはいますが、国や教育委員会や管理職はすっかり時代に合わない授業数の削減に向けていつから力を入れているのか、という疑問を以前から抱えています。

その人たちによって、まず教員が授業の準備を前日に済ませる環境が整えられた上で、教員は定時に退勤すること。翌日に向け、キャリアアップに向け、人生を豊かに生きる為に、ひとりの人間として心身を整える為の時間を持つことが必要です。盛大な研究協議会や学力テストや音楽会や遠泳大会などを行っている、人的かつ経済的余裕が、今の日本のどこにあるというのでしょうか。

それなのに「先輩方が続けてきたこの会を私たち後輩が存続させなければ」とか「ますます発展するようみんなで力を合わせよう」とか、その上、子どもたちの現状把握の為、または独自のアピールの為と称して行われる学力テストなどは、ただでさえ交通整理ができていない事故だらけの現場に、どんどん疲弊と混乱を招いているのです。

今はもう、勤務時間帯にそのようなことをしている場合ではないのです。どうしても必要だ、というのであれば、サークルや有志で会費でも徴収し、趣味の範囲で勤務時間外にやっていただきたい。仕事としてやりたければ、そんな学校法人を作ってもいいかもしれません。

あくまでも公立学校は、公の仕事なのです。自分のよかれと思うことややりたいと思うことは、実は総合的に見ると逆効果の可能性がある、ということに気づいてほしい人がたくさんいます。

ややもすれば、自覚もないまま仕事を私物化していることがあるのです。

ぶれない本質とは

国が推進している働き方改革に準じて、「働き方改革アンケート」というものが教職員に向けて行われています。それで何か大きく改善したことがあるという話を未だ聞いたことはありません。その中で仕事を負担に感じている主な理由として「業務が煩雑」「業務量が多い」という選択肢が何度も出てきていました。

忙しい時間を割いて、改善される見込みのないアンケートに向き合うことは、教員にとって大きな時間的かつ心理的負担となります。

さらに驚くことは同じタイミングで、そのアンケートとは別のアンケートを追加で促される、というこの矛盾をどれだけの人が理解しているのでしょうか。真っ先に改善すべきことが、アンケートで問われているような細かな目先のことではない、ということに気付いていないのです。

経験上、アンケートや調査報告などの提出書類の多くは、国や教育委員会や学校がバッシングされた際に説明（言い訳）ができる為の保身用の「お守り」であると、常々感じてきました。同時に保護者や地域からの過剰な苦情も、火に油を注いでいるということは否定できません。お互いを追い詰めるようなこのサイクルは、どちらも大きな不安から生じるものに変わりはないでしょう。

ある自治体では、教員向けに二人の大学教授が舞台上でディスカッションを行うという講演会がありました。大学教授たちが事前に見学したある教員の授業をもとに論じるものでしたが「授業の組み立てにはシミュレーションが必要であること」を何度も繰り返し話していた点など、わかっていても落ち着いた環境でなければできない、現状とはかけ離れた内容が語られました。話の佳境に差し掛かるとテーマが「この自治体の先生方に期待すること」にもかかわらず「あれをした方がよかった」「あれはしない方がよかった」「なぜこのようにできないのか」「あれはダメでしたね」という、教員に対するあまりにも分かりやすいダメ出しが過熱していきました。徐々に私にはその舞台が居酒屋のように見えてきました。それは決してアドバイスと呼べるものではなく、意気投合した二人が延々と知識や持論を振りかざした、まるでお酒の席での楽しそうな会話でした。そのまま講演会は終わり、どんよりした空気が流れたまま皆、会場を後にしていました。自治体挙げての大会であった為、それなりの費用や労力をかけたであろうこの講演会が、教員たちの疲労を大きくしたことは明らかでした。その大学教授たちは国からの依頼を受け、学習指導要領の作成に携わっているということも驚きで、学校の現状を把握していない状態で居酒屋トークをする以上に残念なことでした。

繰り返しますが、今のどの教育現場にも余裕などないのです。今一度、最も大切な「子どもと丁寧に関わる」とはどういうことかを見直しませんか。

バケツの穴

教育現場はすっかりブラック企業の代名詞となり、様々な理由で退職者が増え、それに見合った採用が追い付いていません。やっと採用ができたところで当然ながら皆、経験は浅く、正直なところ何とか数だけを揃えようとしている状況です。

同じ数でも、その割合として経験が浅い教員が増えるということは、加えてそれをフォローする経験者が必要となってくるのですが、大量退職でほぼいない為、現場は正常にまわっていません。たとえば昔なら三十人の教員で問題のなかった仕事が、同じ人数であっても以前と同じような質や量や速さではできなくなっているのです。

いくら熱意を持って仕事をしたところで、経験が浅いが故の問題や悩みは必ず出てきます。子どもの人格形成を担う、重要な職業であるので「一生懸命やったから何でも許される」という訳にはいきません。

傷つきしわ寄せを被るのは結局、子どもなのです。それなら何もしない方がずっといい。

こうなると子どもと丁寧に向き合う為には、仕事量をうんと減らすしか方法はないのですが、なぜか年々逆行しているのが現状です。

個人的な話になりますが、コロナが騒がれ始めてから日本全国の教育現場の実態を把握したいという思いもあり、実際に足を運びながら様々な自治体に講師登録を行った時期があります。

本当にどこも人手不足が深刻でした。引っ越し費用を全額負担するから来てほしいというところもあれば、まだ夏過ぎだというのに次年度の契約を保証するというところや、一度断ったのにもかかわらず再度考え直してほしい、と連絡がきたところもひとつではありませんでした。「地元を助けてはくれないのですか」と強い口調で言われた時は、本当に切なくなりました。実際に面談に伺うこともありましたが、電話やメールのやり取りも多く、すっかり疲れきった声での依頼の電話が二十一時にくるというあたり、学校現場だけでなく教育委員会のご苦労も、また並々ならぬものでした。

まずバケツの穴を塞ぐことから始めなければ、採用方法や人数だけに注目して悩んだところで人は集まらないし育ちもしません。

寛容さはどこへ

正規教員だったころ、長く生徒指導を担当していたのですが、頻繁に地域から苦情が入る学校がありました。「ボール遊び禁止の公園でボールを使っている」「野球禁止の広場で野球をしている」「子どもの声がうるさい」。駆けつけると、それはもう皆、楽しそうに砂まみれで遊んでいます。事情を伝えると「じゃあ僕たちはどこで何をして遊べばいいの？」。返す言葉が見つかりません。お家の人が休みの時に、大きな公園とかプールとかに連れて行ってもらえたらいいね……そんなこと現実的ではないだろう、と悩みながら言葉を絞り出しました。

「疲れているからそんなこと言えない」「お金がかかるからダメ」大切な親を思って、大抵そんな答えが返ってきます。

幼子でもなく、小中学生の日常の遊びの世界に、親の存在が必要になっていること自体がおかしいのです。大人のいないところで、自分たちの世界を楽しむ貴重な時間はどこへいってしまったのでしょうか。

禁止事項はすべて大人ありきの理由。代替案がないのに禁止、禁止、禁止……。

そのような環境で育つ子どもたちの運動能力低下は至極当然なのですが、そこでまた大人の良からぬ発想が働いてしまいます。

子どもたちの運動能力を測り引き上げよう！　と、国は「新体力テスト」の通達をしてきました。
最も危惧するのはこのテストを実施することで、反対に自信を失っている子どもがたくさんいるということです。全国学力テストも然り「時間がないから、さっさと準備しなさい！」と急き立てられながら、強制的にテストを受けさせられる子どもたち。「運動が苦手だから記録を見たくもないし知りたくもない」「ぜんぜんわからなかったから俺はやっぱり馬鹿だった」。常に業務に追われている教員が丁寧な説明やフォローをできるはずもなく、何事もなかったかのようにまた忙しい毎日の続きが始まる。このように失敗体験の場を提供しているのが現状です。子どもにとって必要な失敗体験というのは、このようなことではないのです。たとえば良くないかもしれませんが、糖尿病患者が塩分や糖分の摂取を控えないまま、薬を服用しているようなものです。

何もないところから五感を総動員して遊びを考える。そのようにして、それぞれの子どもの事情にあった体力の基盤が作られていきます。子どもは感性の生き物。フランスやドイツのように五感教育が大きく進められている国もあるように、人が本来持っている五感を大きく育てられるのは期間限定です。

実際にあなたの周りを見てください。五感を十分に発揮して豊かに生活している人がどれだけいるでしょう。幼い頃から「考えること」ばかりの環境で過ごしてきた為に「感じること」には、かなり鈍感になっている大人が圧倒的に多いと思いませんか。これが現代社会における生きづらさに影響していることは、否定できません。

制限も抑圧もされない環境で生まれる自由な発想。それが生きる土台となり、後の人生を支えてくれます。

今、世間が早期教育の多くに取り入れている知識は、必要な時にいくらでも後付けできます。先日研修で聞いたとある大学教授の話ですが、この急激な社会の変化で、大学生に教えていることは二、三年後にはもう役に立たなくなるようです。実際にそれを見越して、二〇二一年より厚労省がリカレント教育を推進しています。

人生一〇〇年時代、人生の半ばで初めての環境にシフトチェンジする人も増えてきています。二〇一九年に、放送大学が一〇一歳の卒業生を送り出したことは、記憶に新しいのではないでしょうか。

早期教育という名の元で奪われていく力がどれだけあるでしょう。

ここで、子ども時代の何が今の自分に役立っているのか、と振り返ってみることにします。

春先の田んぼや畑で目を凝らして自然と同化する虫を探したこと、花を見つけてはそれぞれの香りの違いを感じたこと。花冠を作る時に摘んだ草花のやわらかな感触。

夏の草むらに寝転がった時の蒸し暑い草や土の匂い。同じ場所でも朝と夕方では空気の匂いが変化したこと。遠く瞬く星を見ては夏の星座を探したこと。

秋口には草や土の上を裸足で歩き、ひんやりした感触に季節の移り変わりを感じたこと。虫の声に耳を澄ませては、あれは鈴虫だのコオロギだのキリギリスだのと躍起に判別したこと。

冬のかくれんぼではどうしても吐息が白く立ち上り、絶対に見つからないように息を潜めたあのドキドキ感。それらはすべて規制も否定もないのびのびとした空間で存分に能力を使うことのできる、自分たちだけの世界でした。

それから昔で言うお母さんごっこでは、いつも口うるさいお母さん役を楽しんでいました。ここぞとばかりに厳しかった母へのささやかな抵抗、近所の人たちに向けての暴露でした。母がよく「もうやめてよね」と恥ずかしそうにしていたことを思い出しますが、いい子だった私には大事な時間でした。

小学生の頃、家族で『ポートピア'81』という、当時話題になった博覧会に行った記憶があります。様々なパビリオンやイベント目当てに、一六一〇万人もの来場者で賑わった大きな会場でした。

もちろん親の愛情のひとつであったのでしょうが、私の意思ではなく、あくまでも大人の都合で用意された場所。華やかで刺激的なその場所は、すべてスポンサーありきで大人たちが作り上げた、子どもにとって受容的な世界。私を形作った土台か、と聞かれれば首をかしげてしまいます。

それとは対照的な記憶があります。小学生まではそんなに丈夫でなかったので、よくお腹を壊していたのですが、腹痛で苦しんでいた私に「痛いの、痛いの、とんでいけー」と母がゆっくりとお腹を撫でてくれたそのたった一瞬が、うっすらとではありますが感触とともに記憶に刻まれており、生きる力の一部として今でも私の中で生き続けています。

この原稿を書くにあたりパソコンで検索していると、タケカワユキヒデさんが歌っていた、ポートピアのテーマソングが出てきました。数十年ぶりに聴いたその音楽に、予想外にも胸が熱くなったのですが、華やかな博覧会に行った懐かしさというよりも、当時迷子にならぬよう手を繋いでもらったこと、そして日ごろ得ることのできなかった親との親密な時間に嬉しくなって、テーマソングの冒頭だけ（その続きは英語だったので歌えませんでした）を繰り返し口ずさんでいた記憶が蘇ってきたのです。そう、このフレーズ！

もちろん、大人の用意した場所で楽しむことも、選択肢のひとつとしてはよいのですが、そこにある大切なものは、必ず自分だけに向けられた愛情とともにあるのです。

話を戻しますが「何もない時間を、何もない場所でどのように過ごすのか」、この人の土台となる重要な学びは、与えられた環境ばかりでは決して得ることができないものなのです。

感性で生きている子どもにとって、もっとも感性の育つ時期に適した環境とは何でしょう。

同時に著しい技術の発展とも、上手に付き合っていかねば、人間本来の能力が失われている一面がある、ということを忘れてはなりません。社会貢献の形は実に様々であり、このような便利な時代に牽引してくださった人たちへ感謝の気持ちも忘れずに。

ある学校の校区パトロールで公園を通った時に「最近、子どもたちがボール遊びをするところがないよね」と何人かの保護者が話されていました。お母さん、それは最近じゃなくて昔からずっとですよ、という言葉を飲み込み、自分の無力さを感じながら、笑顔で頷くしかありませんでした。

自覚のない承認要求

最近読んだ『脳の闇』（中野信子著　新潮新書）では、「ヒトはいつも、誰かに認められたい、あるいは、自分のことを理解して欲しい、という気持ちをどこかに持っていて、（中略）承認への欲求をこれほど強固に持っている生物は、他にはいない」ということが記されていました。

自分の存在意義を他人に承認してもらう為、自分が良しとする価値観や正義の押し売りが行われるようになり、満たされていない人ほどその行為は激しくなります。こういった人たちが多く集まる組織は、ひとりひとりが他の大勢から抜きん出る為、目も当てられない状態になることは想像に難くないでしょう。

新規採用二年目のある教員は、実に口が達者でした。とにかく保護者や同僚から一目置かれたかった彼は「この野球選手と知り合いだ」「名門校から仕事のオファーを受けている」その他、ことごとく調子のいい話を、それは流暢に語り続けるのです。はじめは皆、興味を持って聞いていたのですが、そのうちそれが眉唾ものであるという雰囲気になっていきました。

そんな中、運動会シーズンとなり応援団長を決めるという時期に、彼のクラスの女の子から相談を持ち掛けられました。「応援団長になりたくないと言っているのに、私がなるという返事をするまで、教室に立たされている」というものでした。何でもこの数日「○○さんは絶対に応援団長に向いていますから、家でもぜひ説得してほしい」と電話をかけてくることも苦痛である、ということでした。今までのひとつひとつの様子から恐らく彼は、自分のクラスから応援団長という華々しい存在を出して、称賛を浴びたいのだろうと感じました。

別の日には子どもたちにわからないように、自分のクラスの片隅にスマホを置き、教室の様子を撮影し続けることもありました。もちろんそのような問題が起こる度に、他の教員は対応をしていましたが、毎日がいたちごっことなっていて「若手育成」の段階ではありませんでした。

そのような彼を、当時の管理職は指導するどころか「そんなに若手を潰したいのか」と問題報告をしてきた教員に注意していたこともまた、状況を悪化させる大きな要因であったでしょう。

そんなこんなで六年生だったそのクラスの子どもたちは「卒業式に担任が出席するなら、自分たちは欠席する」とストライキを起こしました。

散々抵抗した子どもたちですが、結局は親が悲しむからと卒業式は担任とともに出席しました。通常、式後に教室で担任と子どもたちが過ごす最後の時間があるのですが、最も貴重なその場所に担任を入れないでほしい、という条件つきでした。そして正門では担任と保護者の間で、苦笑いしながら写真を撮られる子どもたちの姿。人生でたった一度の大切な節目はどのような思い出になったのでしょう。教員のひとりとして子どもたちに何度も謝ったことを覚えています。

「承認要求」。あなたの学校や会社、組織はいかがでしょうか。

問われる想像力

二〇一九年、神戸の小学校で同僚の顔に激辛カレーを塗り、無理やり食べさせるという教員同士のいじめ事件が全国で報道された時、特段驚きもしませんでした。なぜなら内容こそ違えど、私の周りでも似たようなことが日々繰り返されていたからです。ニュースを見た母から「そのような環境で働いている娘に胸が痛みます」とメールがきたのですが「何の驚きもないのでご心配なく」と返信したのを覚えています。

私自身も、たくさんの職員がいる中で「前の音楽専科の方がよかったよなあ」と大声で嫌味を言われたことがあります。赴任早々、何の根回しもせず、おかしいと思ったことをズバズバと物申していた私も、本当に若かったのですが、派閥を作られ彼らから一斉に無視されたこともありました。こちらもやられっぱなしは考えられなかったので、大人の方法でいかに応戦するかを熟考し、実際行動に出たのですが、これはお互いの想像力が非常に未熟だったように思います。

人が想像力を持って人の気持ちを汲み取る時、様々な要素を総合して判断するのですが、これはご機嫌を伺うこととは異なります。「顔がこわばる」「目が笑っていない」「声が上ずる」などと表現されますが、

●相手の表情や声色、トーン、口調
●細かな筋肉の動きや瞼や瞳孔の開き具合
●足組や肩の力の入れ具合などのポーズ
●相手とその周りとのやり取りの前後の様子
●相手から漂ってくる、においや緊張感

など感覚をフルに使って、総合的に相手の心中を想像するのです。経験やトレーニングで多少は可能になるでしょうが、先天的にこの力を兼ね備えている人がいます。

彼らは日ごろ大抵ご機嫌に振る舞っています。なぜなら動物園や水族館で生き物を観察するように、常に観察される立場ではなく、観察する有利な立場にいることを知っているからです。自分のこの言動が、まるでドミノ倒しのように、後々どこにどのように影響していくのかを、一瞬にして想像できるのです。どのような時も物事を冷静に観察している彼らは、本質からぶれない客観的かつ安定的な視点に長けており、その力を発揮し続けています。

「実るほど頭を垂れる稲穂かな」

懐が深く力のある人ほど腰が低いというのは、私の経験からもお伝えできます。

あなたにそんな力がないと嘆くことはありません。まず気分に振り回されないよう心掛けること。簡単なことではないのですが自分の機嫌は自分でとる。どのような時も冷静さは最強であり、相手の信頼・安心に直結します。特に子どもの前では大人の想像力を働かせ、折り合いをつけながら、身をもって円滑なコミュニケーションの手本となるように努めたいものです。

第3章

子どもが人生を幸せに生き抜く一番の方法

今日の○は明日の×

人にはそれぞれの事情があります。自分の価値観を自分の物差しで相手に押し付けるということはナンセンスです。これは多くの人が頭で理解しているかもしれません。
さて今のあなたはどうでしょうか。長い間、同じ組織の中にいると、その環境が正しくなり、個人の価値観に塗り替えられていきやすいものです。もしかすると、現実はそうでないかもしれないのに。

木を見て森を見ず
その森は地球の一部
そして地球は宇宙の一部

学校も組織も常に変化し続ける社会の営みの一部であって、決して単体で存在してはいないし、してはいけません。学校や組織の課題の大元は決まって外にあるからです。

どのような大きな学校も組織も、今いる世界はこの世のほんの小さな場所にすぎません。常に変化する世界の中で、自分の立ち位置を俯瞰し続けることを怠らないようにしたいと思います。

昔の子どもにお世話になるという視点

最近、自由な生き方や働き方が叫ばれていますがそれでもなお、決められた条件の中で懸命に働いている人たちのおかげで、享受している恩恵はまだまだ多いのです。そして私たちは日常、公的サービスだけでなく、お金を支払って受ける恩恵ばかり、というよりその恩恵で私たちの生活は成り立っています。

今朝の通勤で職場まで運んでくれた電車やバスの運転手

通勤や子どもの送迎で乗っている車や自転車の製造販売員
気持ちよく利用している駅やビルの清掃員
安心して乗っているエレベーターやエスカレーターの整備士
生活を支えてくれているスーパーの販売員
食卓に並ぶ魚を捕ってくれた漁師
治安を守る警察官
命を救う医療関係者
今あなたがポチッとした商品を運んでくれるトラック運転手
そのポチッとしたスマホやパソコンを作ってくれた技術開発者
そしてあなたの生みの親、育ての親

その他、どれもこれも簡単な仕事でないにもかかわらず、誰かが担ってくれています。

その恵みのひとつひとつを提供してくれているのは皆、誰かが命がけで生み育ててくれた誰かの昔の子どもです。

さて目の前の子どもたちは将来どんな形で誰の支えとなるのでしょう。もしかすると近い将来、年老いた親や自分が困窮している時に優しく手を差し伸べてくれる、その若者かもしれません。

「子ども笑うな来た道だ、年寄り笑うな行く道だ」

今あなたが発信したことも行動したことも、すべてがここから波紋のように広範囲に、そして遠い未来まで繋がり影響していく。物事は巡り巡るのが世の常です。

マネジメントの難しさ

管理や経営の世界では、基本的に職員や社員に信頼を置き任せることも多いことでしょう。

ただ「任せ見守ること」と「放任」とは異なります。前者はあらゆる事象が影響し合う事を理解しているので、常に流れゆく変化を把握する努力を惜しまず、大人の想像力を働かせます。その中で健康や法に影響する情報を察知すれば、職員や社員を守る為に何等かの行動を起こします。経営者であれば死活問題にも関わってくる為なおさらでしょう。守るべきは自分より職員や社員であり、そこに自分の都合によるプライドや価値観は必要ありません。そうした陰の支えにより、結果として存続できる組織体制が作り上げられていくのです。

盛大な労いの言葉やお菓子の差し入れなどの心配りも良いのですが、それ以前に本質的な行動は欠かせません。

子どもが最も学ぶ条件として、耳に入る言葉より行動観察であるとも言われますが、それと同じで、黙って静かに行動するのみです。その上で労いの言葉を伝えたければ、全体の前ではなく人知れずひっそりと感謝を伝える方が、断然価値があり嬉しいものです。

人をマネジメントする、ということは職員や社員の仕事上目に見える事柄だけでなく、その先の健康や家族の事情も含めた、人生そのものを背負うということ。

それだけの覚悟をもってそのポジションに就いているのであれば良いのですが、残念ながら私の人生で該当した人格者は今のところたったひとり。職業云々というより、ひとりの人間として実に素晴らしい人生の先輩でした。その先輩に限らず心から信頼のおける私のメンターは決まって定年を待たず、早々に職場を去っていくのでした。

見ようとしなければ永遠に見えない重大なもの

戦後から続く現在の教育システムの中で、スポーツや学業に意味を見出し、連帯感や達成感を体験している子どももたくさんいます。それはとても素敵なことだと思います。一方で気になるのは「子どもは皆そうあるべき」という大人側の思い込みです。

私が小学生の頃の話をすると、短距離走は得意でしたが水泳はまったくダメで、水泳の時間は一時でも水に浮けばいい方でした。授業の最後に必ず自由時間があったのですが、友だちに「犬かきができるよ」と言ってごまかしていたことを覚えています。

いくら先生の言う通りに頑張ってみても疲れるばかりで、なかなか泳げない自分に嫌気がさして、水泳の時間がくる度に自信がなくなっていきました。

それから数十年経ちましたが、私が泳ぎには向いていないことを理解しながら過ごしてきたので、好んで池や川に行った記憶はありません。実際に私が教員になってから、同じ思いをしていた何人もの子どもたちに出会いました。

もし、水辺で溺れないようにする為にも、すべての子どもに水泳指導は必要だ、という人がいるとしたら、それは短絡的な発想ではないでしょうか。実際に水泳教室に通っている泳ぎの得意な子どもの過信や油断で起こる水辺の事故は後を絶ちません。有り余る時間や労力があれば、子どもの実態に合わせた丁寧な指導も良いのでしょうが、今後何十年はそのような余裕が生まれることはまずないでしょう。

私たちの見えるところで、私たちの掲げる理想の中で、きらきら輝いている子どもがいる。その反対側で実は自信をなくしていく子どももたくさんいる、ということも忘れてはいけません。

二〇二二年　世界保健機関（ＷＨＯ）の調査では、日本の自殺率は上位二〇か国中、第六位でしたが、先進国（Ｇ７）の中では日本が最も高いと報告があがっています。男女別にみると、男性は日本が第二位、女性においては日本が第一位。Ｇ７の自殺状況を若年層の死因順位からみると十～十九歳、及び二十～二十九歳の死因順位の第一位が「自殺」となっているのは日本のみでした。厚労省の報告では、年齢階級別自殺者数は十九歳までで七九八人。それから二十代三十代では約二五〇〇人、四〇代では三六六五人、五〇代では四〇〇〇人以上と増え続けています。

私が日ごろお世話になっている路線でも「お客様との接触」の為の遅延や運転見合わせは頻繁に起こり、すっかり日常の光景となってしまっているのですが、何もないところから、昨日今日思い立って命を絶つことはありません。

「**自殺の多くは多様かつ複合的な原因及び背景を有しており、様々な要因が連鎖する中で起きている**」と二〇二二年　厚生労働省自殺対策推進室　警察庁生活安全局生活安全企画課の報告にも記載されています。

根深く複雑な理由が蓄積して、このような悲惨な土壌が人知れず築かれ、この結果が統計としてはっきりと出ているのにもかかわらず、学校はＩＴ教育の推進や音楽会や遠泳大会や学力テストなどの独自のアピールを優先したがり、未だ注力し続けています。ＩＴ教育については確かに欠かせない時代なのでしょうが、その前にやるべきことを忘れていませんか、ということです。

すっかり時代にそぐわない授業時数や形式的な書類の山。それに伴う偽りの報告など、目を覆いたくなる惨状に輪をかけて深刻な教員の人手不足。自殺以前の、不登校や非行やいじめなどの問題行動が増えるのは、少しも不思議ではありません。

そして、引きこもりをはじめとする大人まで続く諸問題。これが「生きる力の育成」と掲げられた教育の結果です。それともまだ過渡期とでもいうのでしょうか。

今を生きる教育関係者が何を置いても早急に改革をしなければならないことは何か、ということをどの現場でも訴えてきてはいるのですが、どうも目の前のことでいっぱいだからでしょうか、どこも健康や生死に関わることについての感覚は、正直生ぬるいものでした。

それを正当化するつもりはありませんが、学校現場は何十年にもわたって積み上げられてきた膨大な業務で、すっかり飽和しています。砕いて言うと色々なことが散乱し収拾がつかなくなって、完全に仕事が回っていないのです。そしてまじめで一生懸命な教員ほど「自分がやらなければ、自分の力不足だ、もっと頑張らねば」と心身を壊していくのを目の前で何度も見てきました。そんなところに大事な我が子を預けたいと誰が思うでしょう。そのような大人たちの背中を見て、子どもは何を感じ、どのように成長するのでしょうか。

立場ある方々には業務内容の精選、整理整頓、交通整理いわゆる「引き算の教育」に早急に取り掛かってもらいたいのです。今、着手したところで何十年もかかることは確かですが、子どもや親や教員からするとやらないよりはずっといい。

学校現場でできることには限りがあります。教育委員会も、経験値や人手の問題から限りがあるかもしれません。しかし、どちらも皆さん現場を経験されているので、引き算していけることはまだまだ山のようにあるのはご存じのはず。そして文科省に配属される予定の方は、どうか現場を少なくとも一か月は経験することをお勧めします。机上論のままでは、子どもの学力どころか健康や命、人生そのものが失われていることに、気が付くこともできないでしょう。

確かに諸問題の背景に子どもや家庭が関係ないとは言いませんが、実際、子ども同士のトラブルの仲裁に入った教員が片方の話しか聞いていなかったり、思い込みで話を進めていたり、多忙を極めている為、周りを気にする余裕もなかったり。大人が作りだす環境が要因で子どもたちに問題が起こり、それがこじれていく、という場面に辟易したことが一度や二度ではありません。

流れゆく世の中の現状を把握し、冷静かつ多面的に物事を捉え、最も予算や人材や労力や時間をかけて行わなければいけない課題が何か、を想像できる人はどれだけいるのでしょう。安心安全な環境が整ってもいない場所で、子どもたちはいったい何を学び、どのように成長できるのでしょうか。

人はあらゆる要因で究極の不安が継続すると、食べ物どころか水ものどを通らなくなります。また自傷行為は自分の存在を確かめる為のものと言われています。

こういった表には見えにくい多くの存在がいるということも、子どもに関わるすべての人に一刻も早く気付いてほしい。まずは大人の「こうあるべき」を置いて、精一杯生きている様々な事情を抱えた子どもたちに、大きな敬意を払いたいと思います。

人間という生き物①

あなたはなぜ労働基準法が存在するのかを考えたことはありますか。

原則は「人たるに値する生活」を保障するものであり、労働条件の決定は労働者が対等の立場で決定すべきであるという総則を掲げた上で、一九四七年から始まった労働基準法は、多くの労力と時間をかけ、時代とともに何度も改正されながら今日に至っています。

賃金や書類の扱いなど、様々な内容が盛り込まれていますが、健康に関して取り上げると、人が心身の健康を維持しながら働くことのできる、最低限の基準が明記されています。

教育公務員に適応される給特法も抜本的見直しが叫ばれて久しいですが、たとえ勤務経験が少なくとも、人がどのように健康を失っていくのかをいかに想像することができるかは、誰にとっても重要です。特に人をまとめる立場の人はなおさらです。

私の近くでは数年前、休みが取れない状況が続いた末、脳梗塞になり寸前のところで寝たきり人生を回避した同僚、同じ理由で私が二十四歳と三十七歳の時に、開業準備の最中、一瞬でこの世を去った同級生たち、思い詰めて自ら命を絶った先輩、精神的な不安が続いた末、末期のアルコール中毒で命を失った知人もいました。またお世話になった自治体でも二十八歳で突然死された人や、五十歳で癌に冒され、あっという間に命を落とされた人がいました。どちらもかなりの頑張り屋さんだったと聞きました。

これらが過労とまったく関係がないとは言い切れません。実際に私の周りの状況に加え、全国で報道されている内容を鑑みても、要因が過労にあると考える方が自然ではないかと思います。

究極の疲労が蓄積すると人はどうなっていくのかご存じでしょうか。生命維持の為、体はすべての機能をシャットダウンしようとします。少しの光でも眩しく、どんな小さな物音も頭に刺すような激しい響きとなり、水も受け付けず、座ることすらできなくなるのです。また目も開けられない強烈な片頭痛や、吸うことも吐くことも困難な過呼吸、自分の肝臓を敵だと勘違いして攻撃してしまう免疫性肝炎など、様々な形で健康を蝕んでくるのです。

人によって症状は様々でありますが、そのような状態で健全な仕事ができるはずも、人を大切にできるはずもありません。自分を大切にできる人だけが、安定した状態で他者を大切にできるということを身近に感じてきました。当然のことですが、健康なくして何も語ることはできないのです。

ここで、昔命を絶とうとしたある十代の子どもから聞いた言葉もお伝えしておきます。カーテンも開けず、ご飯どころか好きだったはずのお菓子さえも口にせず、水を飲んだらまだいい方で、一日中布団の中で過ごしていた時期がありました。究極の精神状態になると苦しいとか辛いとかもなく、感情という感情がすべて失われていく状態が続き「はて、自分は何で生きているのだろう」とふと思う瞬間があるそうです。それが命を絶つことに一番近い瞬間だったと。

そうなった理由を尋ねると、いじめられている訳でもなく、学習不安でもなく、家族不和でもなく

「ただこの社会でこの先の長い人生を過ごさなければならないことに気が遠のいた」

ということでした。

一方で、我が子の命が消えるかどうかという状況に、寄り添い続けた親の心境を察す

ると言葉もありません。

幸いその後は、絶対であると思いこんでいた世間の価値観が、実はそうではないことに気付き、自分の存在意義を見つけて穏やかに過ごしているようです。

このような子どもが他にいないとも言い切れません。自殺とまではいかなくとも、心身の健康を蝕む要因は周りが想像する以上に複雑なのです。

私はこれまでに五人の子どもを失いました。

その中でも急性白血病で亡くなった十歳の女の子はたった二か月ちょっとという短い闘病生活でした。六月までは元気でしたが「夏バテかもしれない」と倦怠感を訴え、病院へ行くと病気が判明したのです。亡くなったのはその年の九月。

華奢で聡明で優しかったその子の顔は、薬の副作用の為、棺の

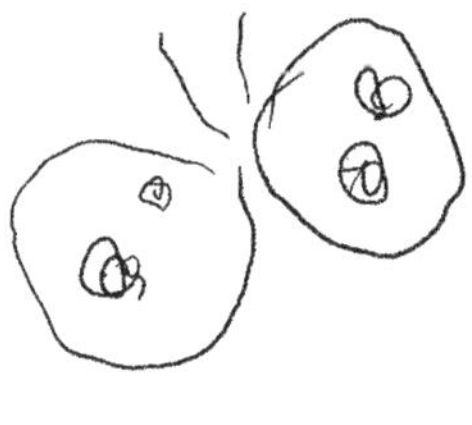

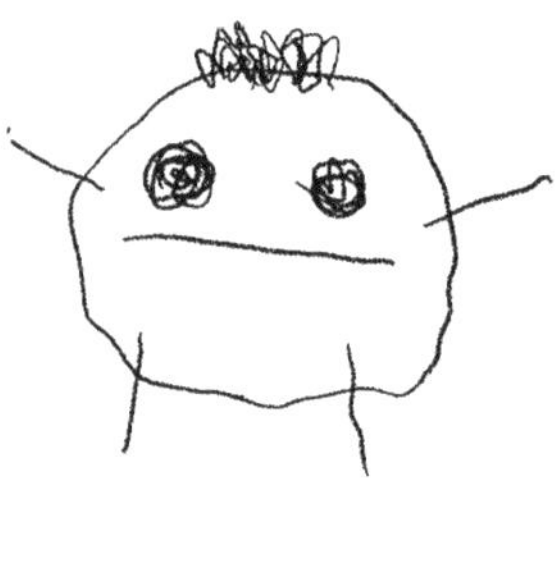

中で空気を目いっぱい入れた大きなボールのように、まったくの別人となっていました。

お通夜で繰り返し流れていた、その子の大好きな曲、嵐の『Ｍｏｎｓｔｅｒ』。

今も聴く度に、彼女はどれだけ生きたかったのだろうと胸が締め付けられるのです。

死は必ず誰にでも訪れます。怯えて生きることはあってはなりませんが、人の命は一瞬で消えてしまう実に儚いものであるということを心の片隅に置いて過ごすと、目の前の子どもがまた違った存在に見えるかもしれません。

管理職の管理体制

これまで繰り返し健康や命の大切さを訴えてきましたが、ある学校でのエピソードをご紹介しておきましょう。

「熱中症になる条件」は、風の吹き方、湿度、日差しの強さ、暑くなり始めた時、急に暑くなった日、熱帯夜の翌日、熱波の襲来、持病、激しい運動、慣れない運動、睡眠不足、体調不良など気温だけでは測ることのできない条件が重なり発症する、ということは一般にも周知されています。年々、熱中症による死亡者が増加していることを受け、国から「熱中症予防の強化」が重ねて通達されているほどです。

それはまだ午前八時過ぎというのに、三十度近くあった七月の蒸し暑い日でした。気温だけでなく、体感や状況から、当然運動場に集まって全校朝会をすることは危険だと皆が感じていたのですが、「大勢の前で表彰してあげたいから」という管理職の意見が押し通されることになり、その朝会は予定通り決行されました。

「暑いので熱中症には気を付けるように」というツッコミを入れたくなる長い話の後、その表彰式が行われたのですが、表彰された子どもたちに向かって「一時間目が始まっているから走って列に戻りなさい」と叱咤したのです。どんどん気温が上昇する炎天下で長い話を聞かされた上、走らされる危険性。そもそもなぜ一時間目がとうに過ぎているのかを考えれば、原因がどこにあるのかは明確です。

その後、数人の表彰の為に朝からすっかりゆであがった多くの子どもたちが、気持ちを切り替えて一時間目の途中から授業に集中できることはありませんでした。

同じ日の午後、そこでいくつかの学校の教員が集まり、客員講師を招いて行われる研究授業がありました。熱い空気を回すだけの送風機が動いている蒸し暑い体育館に大勢の子どもと教員が集まり、三時間もの研修がこれまた決行されました。他校から来ている教員たちに冷房のついている休憩所が用意されている訳でもなく、残念ながら予想通り、教員の中から熱中症患者が出て病院へ行くことになりました。

続行された研究授業の後、汗を拭きつつ客員講師は言いました。「子どもの声をしっかり聞いてあげないといけないから、送風機を切っていました。私も暑かったのですが、このような環境は慣れているので大丈夫です」。

一番大切なことを見失っているようで本当に悲しくなりました。

一学期終盤、最優先しなければいけないことは、言わずもがな成績処理です。多くの学校で「あゆみ」と呼ばれるこの成績表は法的根拠がない為、最近では簡略化、廃止する学校も出てきています。一方、昔ながらの内容で成績表をつけている学校は、日ごろから多忙な上に輪をかけて首が回らなくなる時期。それにもかかわらず、夏休みに行われる宿泊遠泳の為の会議や指導や書類作りが、成績処理を差し置いて、連日スケジュールに入り込んでくるところがありました。

当然、勤務時間内にできるはずもない成績処理は、残業か休日出勤となります。完全に学校体制に振り回されている中でも、教員たちは皆、懸命に最後の力を振り絞っていた為、いつ誰が身体を壊してもおかしくない状況でした。やはり一学期終わりごろから体調不良者が出はじめ、休みをとる教員も数人いました。そして宿泊遠泳の当日、出発直前の打ち合わせ時に「体調を崩されていた先生方、今日は大丈夫ですか⁉」と管理職は全体の前で質問を投げかけました。まだ熱が下がっていないので身体がつらい、と言っていた教員をはじめ、体調を崩されていた人たちは皆、苦笑いしながらもＯＫサインを出していました。

「おお、それはよかった！　皆さん、この二日間くれぐれも体調には気を付けるように！」

開いた口がふさがらないとはこういうことです。私が保護者の立場であれば、このような先生方に大切な我が子を託して海に引率してもらう、という危険行為は絶対に避けたいところです。

組織を運営する上で、安全や健康に対するアンテナや想像力は最も必要なはずですが、それが乏しいという自覚のないまま、そのポジションに就いていられるというシステムにも疑問を持っています。

また別の管理職は、職員室から丸見えの部屋で寝ているか、妙にプライドは高く、誰がいようが、いつでもどこでもお構いなく、感情のまま教員に大声で怒鳴りつけるか、校内巡視という名の散歩（授業中に教室から飛び出し廊下で泣き叫んでいた子どもをまたいで通り過ぎた時は目を疑いました）が日課であったのですが、本人は「住宅ローンの為に辞められない。定年退職後は再任用でこの仕事を継続する」などと大きな声で語っていました。

そのような人物がその立場にいることで、日々傷つき自信をなくしていく教員がたくさんいる。加えてその環境で円滑な学校運営ができるはずもなく、また教育委員会が知らないはずもなく、いったいどうなっているのかと不信感でいっぱいでした。

管理職の事情の中で精いっぱい取り組まれていることは理解できます。そして、このポジションにふさわしい人も確かにいるのでしょうけれど、経験上そういう人が就くのは実に宝くじに当たるようなものでしたので、昔からどれだけ人手不足だったのかは容易に想像できるかと思います。

ちなみに住宅ローンを抱えたまま定年退職を迎えたその人物は、当時で言う「不適格教員育成所」の講師となり、再任用されていったことを付け加えておきます。

これらの例はほんの一部であり、このような環境下で人格者でもない私が管理職になる、という選択肢が消えていくのはごく自然のことでした。管理職という仕事は私たちが想像する以上に厳しい立場であり、もし自分がなっていたら誰よりもたくさんの指摘を受けていたに違いありません。

私にとっての教育界は、教育を語るには狭すぎて、改革するには広すぎる世界でした。

ここで確認をしておきたいことは、管理職試験のシステムとその後の管理維持体制についてです。この人材不足の中で、管理職を目指す人がどれだけの経験と器の持ち主であるのかをどの様な人物が見極めているのか、条件をクリアして一度合格したとしても、その後もなお、膨大な業務や人材育成を行いつつ、教員が声を上げやすい環境を整えようという意識を持ち続けているのか。そしてどのような時も冷静かつ客観的に、時代に沿った柔軟な対応を行い続けることができているのか。それをいったい誰が第三者の立場で継続的にチェックしているのか。「継続性の維持」はとても難しいのですが、顔なじみの管理職と教育委員会が「よう！　最近どう？」とたまに会って話をするだけでは最低限の質を保つことは厳しいでしょう。

現実では経験や人手の不足、そして多忙を極めるあまり「そんな細かいことをやっていられるか」と言わんばかり、曖昧になっていることに危惧しています。また、どの組織も人間の集まりですから、そのつもりでなくともいつの間にか「忖度」が働いてしまう可能性は高いという意識を常に持つ必要があります。

正規採用されている教員は、自分で立てた一年間の計画や経過報告、それを受けての課題などを自己評価し、多忙を極める中で管理職に書類として提出しなければなりません。その大元となっているのが国からの通達です。

文科省発表の学校評価ガイドライン（二〇一六年改訂）の中で、学校評価を行うにあたり「教員の自己評価」「学校関係者評価」「第三者評価」の三つの実施手法が書かれています。

「第三者評価の主体について。学校とその設置者（市町村、都道府県、学校法人等）が実施者となり、学校運営に関する外部の専門家を中心とした評価により、自己評価や学校関係者評価の実施状況も踏まえつつ、教育活動その他の学校運営の状況について、専門的視点から評価を行うものである。第三者評価は実施者の責任の下で、第三者評価が必要であると判断した場合に行うものであり、法令上、実施義務や実施の努力義務を課すものではない」としています。

これは現場の実態と大きく乖離しており、実際には外部評価者に「元校長」「元教育委員会」「現役校長」「PTA」が指名されているなど、もはや第三者でも何でもない場合がよく見受けられます。また、実施者が第三者評価を必要とするかの的確な判断ができる環境であるのかは、想像に難くないでしょう。「自己評価（義務）」「学校評価（努力義務）」「第三者評価（法令上の規定なし）」との設定は、実際には教員の自己評価↓管理職と面談↓終了、という教員がもっとも大きな負担を背負う構造となることをお伝えしておきます。

文部科学大臣の決意表明

二〇二一年度には不登校児童生徒が小中学校で約二四・五万人、高等学校をあわせると約三〇万人に上り過去最高となったことを受け、文科省から「不登校児童生徒の支援に関わる情報提供等について」に関する発表がありました。

同時に総務大臣からも学校外施設の支援情報の提供不足等が指摘されたとかで、不登校児童生徒の保護者が悩みを抱えて孤立せず適切な情報提供や支援を受けられるようにという内容も含め、とても親切にパワーポイントで作られた取り組み例を全国の学校に通達されていました。その後には、教育行政の責任者として文部科学大臣のメッセージとともに「COCOLOプラン」という不登校問題に対する取り組みの詳細も追記されていました。「今回のプランを実行するためには行政だけでなく、学校、地域社会、各ご家庭、NPO、フリースクール関係者等が（中略）子供たちのためにそれぞれの持ち場で取組を進め（中略）不登校となっても学びを継続し社会で活躍できるよう、私自身が先頭に立ち、子供の学びに携わる全ての関係者とともに、取り組んでまいります」。

決意表明とも受け取れる何とも頼もしい言葉でした。

実際に不登校といっても、本当は登校したいのにできない子どももいれば、現在の教育システム自体が合わない子どももおり、要因は気の遠くなるほど多様です。先述した鷲田清一氏の言葉にもあったように、家庭も地域社会も足腰が弱っている状態であり、子どもに対する強い風当たり文化の中、現在のように余裕のない学校では、これらの複雑な要因を探りながら、子どもの実態に合った関わりを持つことは、とてもできません。また、先ほどの通達と一緒に紹介されていたフリースクールは決して安いものではなく、月に五〜六万円もするところがいくつもありました。本来の義務教育の意義を考えると、いかがなものかと疑問が膨らむばかりです。フリースクール等に通う児童生徒の保護者に対して、補助金を支給する自治体も増えてはきましたが、所得などの様々な制限がある為、まだまだ学びの選択肢に限りがあるのが現状です。

せっかくの素晴らしい先ほどの通達も、当時私の勤めていた学校では回覧板に掲示され終わり、と思っていたところ、後に教育委員会からあるシステムが下りてきました。毎朝、子どもたちに心身の状態をタブレットでチェックさせ、それを担任がチェック、回答しなければならない、というものでした。担任が毎朝行わなければならない仕事はすでに山積している中、職員室では「どれだけ私たちの仕事を増やせば気が済むのか」と多くの悲鳴があがっていました。問題の本質を見失っていると、今後もこのようなことが続いていくでしょう。

もちろん、ここまでに紹介した内容がすべてではなく、子どもと教員との微笑ましい瞬間や、教育委員会や管理職の尽力に共感し、応援したくなる場面もあります。しかし、教育界全体を見渡す限り、お世辞にも余裕を持って時代に沿った環境が子どもたちに用意されている、とは言えないのが現実です。

「子どもを大切に思う人の集まり」という貴重なマンパワーの方向性をしっかりと定めることで、今の子どもたちに合った環境が必ず整えられると信じて、ここまで数々の課題を投げかけてきたことをご理解いただきたいと思います。

人間という生き物②

学校現場は末期的な人手不足や何十年にもわたる様々なビルド&ビルドの結果、あらゆる事が散乱して収拾がつかなくなっています。物事、華やかに積み上げることは共感を得やすいのですが、それは子ども置き去りの大人の事情や価値観の押し売りがほとんどです。何十年とかけて積み上げてしまったものは同じ年月をかけて減らしていくしかありません。何かひとつ増やすのであれば三つは減らすという具合に「引き算の教育」がこれからの要になると確信しています。誰かが本気で精選、取捨選択、交通整理というか整理整頓をしていかなければ、個々の良かろう悪かろうの基準で子どもと関わることになり、それはまるでネグレクトや過干渉のオンパレードです。

これについては補足があります。学校現場には一分たりとて休憩がありません。再度確認となりますが、労働基準法第三十四条では「労働時間が六時間を超える場合は少なくとも四十五分、八時間を超える場合は少なくとも一時間の休憩を与えなければならない」と定めています。法律違反ともいえる状態が長年続いているので、先生方も実に気の毒としか言いようがありません。教員の過労死がメディアで報道されたのも、一度や二度ではないはずです。

職場における労働者の安全と健康を目的として一九七二年に定められた「労働安全衛生法（安衛法）」もあわせて確認をすることは、誰もが主体性を持って働く為には非常に重要です。雇用しようとされようと、フリーランスだろうと何だろうと、常に自分の身の振り方をイメージできることは、今後さらに必要な時代となります。

「勤務時間厳守」と言いながら、あってないも同じの定時、休憩時間も曖昧なまま。朝の挨拶当番やプール当番などで一時間以上も前に出勤しなければならないのに、その振替もない学校が未だにあります。

四十五分の休憩時間においては、まるでそのようなシステムはありませんという雰囲気が蔓延しています（自治体によっては、ほんの少しだけ違う形で考慮されているところもありますが）。

現実に毎日とれるはずもない休憩時間を累計していくと、いったい何日分の休みがとれるのでしょう。そもそも、本来とれるはずの休憩や振替はその日中に、もしくは直近でとることに健康上の意味があるのに、実際はほとんどが長期休暇までとれていません。その長期休暇でさえもクラブや遠泳大会や水泳指導などで目一杯に仕事を入れている学校がありました。

働き方によっては疲労の蓄積の仕方が異なり、たとえ一晩寝ても、そして一日二日休んだとしても、疲労が取れるどころか蓄積したままなのです。そしてまた次の一週間が始まる。多忙で疲労していることが常態となり麻痺してしまい、いわゆるランナーズハイだったり、反対に生気を失って惰性で勤めたりしている人の何と多いことでしょう。「そんなはずはない！　そんなことではいけない！」という人は、ぜひ一か月ほど学校現場を体験してみてください。余裕をもって、生き生きと子どもたちの表情の変化に注意し、あらかじめ問題を察知することができるのか。それでも問題が生じた時、心に余裕を持って周りに相談しながら、丁寧に向き合い見守り続けることができるのか。その上、会議や職員作業で放課後という放課後はみな潰れていきます。もちろん教材研究や翌日の授業の準備もしなければなりません。

そのような中で同時に家族に問題が生じたら、それでも公私ともに余裕を持って心身健全な状態で対応することができるのかどうかがおわかりになるでしょう。

経験上、問題が起こる時はなぜか重なることが多いのです。よりによってどうして今なのか、というタイミングで起こり、しかもそれは早期解決どころか、さらにこじれ長引いていくのです。加えて人はケガもするし病気にもなります。そうでなくとも過去と未来の自分のように、幼い我が子や年老いた親のお世話もあるでしょう。仕事上、経験が浅ければ人の何十倍も労力が必要ですし、経験を積めば積むほど今度は徐々に体力が落ちていき、今までできたことができなくなっていくのです。その他、どのような人もそれぞれの事情を抱えて生きています。反対にまったく事情のない人なんているのでしょうか。

常に激務の人間が一晩寝たところで、また一日二日の休日をとったところで、はいリセットしました、完全復活しました、とはいかないのです。アバターでもなくロボットでもなく、ただの人間なのですから。

その時の疲れに見合ったケアをその都度していく、ということを繰り返していかなければ、確実に疲労は蓄積し、パフォーマンスが落ちていくどころか心身の健康が蝕まれていく、ということを繰り返しお伝えしておきます。

どの仕事であっても、法で定められた健康診断を実施したからといって、決して個々の健康が保たれる訳ではなく、組織をもって健康に対する配慮や環境作りを意識し続けることが大前提なのです。

今までに私がご一緒した人たちの多くは、身体を酷使することが当たり前になっているようで、自分の身体の声を聴くことが苦手のようでした。残念ながら過去の私もそうだったので、身体の声を聴くことは一種のトレーニングとなっています。

個々に抱えている身体的な事情もあるとは思いますが、人の体の仕組みは皆同じ。健康が失われていく条件も同様です。どうか親や教員に限らず、どのような仕事の人であっても、自分を大切にするとはどういうことかを常に意識して過ごしてほしいのです。

心身の健康の大切さを説くには、気難しい顔をして知識や正論といった蘊蓄《うんちく》を並べるより、ただ健康に生きている姿を見せることが何よりなのです。

仕事と人生のバランス

あなたは常に自分の立ち位置を俯瞰していますか。今の自分の心身の状態を把握できて初めて、周りの正確な状況が見えてきます。どのような人も現状把握できずして、いい仕事はできません。その為には自分と向き合う為の定期的なまとまった時間が不可欠です。

自分とバランスよく向き合うことが習慣になると、自分の立ち位置をよく理解し、周りをよく観察し、物事の本質を見抜く力を身に着けることができます。

何年か前に、児童精神科医と話をする機会がありました。私がある子どもについて、教育上深刻な問題があり何とかしたいと思い悩んで相談したのですが、彼は不思議そうに「そのままで何も問題はないと思いますが」と答えました。

余裕のない中で常に子どもの為にと、あれこれ考える癖がついてしまっている職業病のようなものでしょうか、物事自分が思っているほど深刻ではないこともあるようです。

この児童精神科医は著書の中で「**常に大人は子どもを頑張らせようとします。あの手、**

この手を考えて、何とかやる気を出させてやらせようと考えてしまいます。（中略）〝一生懸命努力して頑張れば必ずできる〟この言葉にどれだけ多くの人たちが苦しめられてきたことでしょう。でも、いくら励ましても、頑張っても、できない子がいるのです」と書いています。

『どうしても頑張れない人たち』（新潮新書）を書いた宮口幸治氏とのこのやり取りは、俯瞰した考え方や捉え方がどれだけ難しいのか、ましてや心身ともに余裕のない状態ではなおさらである、ということを痛感する出来事となりました。

話は少し変わりますが「手を抜き楽をする」ということと「自分を大切にする」ことの違いを意識していない人が多いことに心が痛みます。あなたがやりたいこと、やらなければいけないと思っていることは本当に必要なのでしょうか。人間どれだけ素晴らしい才能や経験を兼ね備えていても、たった一人ができることには限りがあります。キャパシティを超え、士気の下がった人間が集まったところで、できることとは何なのでしょう。これまた「成長を諦めて上限を作ること」と「本質を理解して丁寧に物事を進めていくこと」の違いがおわかりでしょうか。

もしあなたが一日の疲れをとるだけのプライベートを過ごしていたら、いいえ、そんな意識すら持てずにただ布団に倒れ込み朝を迎えていたら、それはあなたの体だけでなく、あなたの大切な家族や友人を裏切る行為である、ということに気が付かなければなりません。


生まれたばかりのあなたを抱いている親の気持ちを想像してみてください。

生まれたばかりの我が子を抱いた瞬間を思い出してみてください。

「自分を大切にしなさい」、子どもたちはどのような言葉よりも大人の背中を見て成長します。人は自分を大切にできてこそ、他者を大切にできるのです。

それが仕事を大切にすることに繋がり、人生を大切に生きるということに繋がるのです。

家族と私

我が子たちは早いうちから「絶対に教員にはならない、親になる予定もない」と断言していました。確かにどんな人生を選ぼうと本人の自由ではあるのですが、ひとり親として、その時その時を必死で駆け抜けてきたのであろう私が、そのような手本を見せていたのかと大いに反省したので、今は昔と比べて随分と自分の時間を持ち、また笑って過ごすよう心掛けています。恐らく私が置いた環境のせいもあって、我が子たちも本当に手がかかりました。仕事上たくさんの子どもたちと関わってきましたが、その難易度はトップクラスというより、別枠な感じもしています。親としての至らなさを痛感していたものの、地域や学校から私に向けられた心無い言葉の数々は、一生消えることのない古傷となっています。

我が子を産んだのは間違いなく私の選択です。そのおかげで随分親として、また人として学ばせてもらいました。これまで色々とありましたが、私の子どもでいてくれて本当にありがとう。

冒頭には不利なことを色々と書きましたが、私の両親も自分の経験とキャパシティとその時の事情の中で、必死に私と向き合っていたのだろう、ということは今だから理解できます。戦中戦後に生まれた故に放たれた厳しい言葉の数々も、私に対する大きな心配の裏返しだったのでしょう。どう考えても、私に合った方法とは言い難かったのですが、たとえ両親流であっても、生み育ててくれたことに心から感謝します。年老いたこともあるのでしょうけれど、昔と比べて随分と穏やかになりました。大人になってから変わることの難しさを、嫌というほど味わってきたので本当に有難いことです。

そして過去に無駄なことはひとつもありませんでした。どのような出来事も私が選択したひとつひとつのすべてが今に繋がっています。過去の出来事はいくらでも何とでも自分自身によって理由づけできるということを学びました。今後もきっと色々と起こるでしょうけれど、いつが一番幸せかと問われたら「今」と答えます。

あなたと共有したいこと

ここまで思いつくままにあれこれと書き連ねてきましたが、振り返ると、何だか偉そうに先輩風を吹かしているようで、少し恥ずかしい気持ちもあります。

自身の子育ても決して順風満帆ではなかったことと、ああすればよかった、こうすればよかった、という数々の反省を込めて、本当に拙い私の人生を主観とともに書いてきました。最後に書き残したことはないだろうかと考えた時、もう一度「子どもと関わるには相当のエネルギーが必要である」ということを共有しておきたいと思いました。

この子育てや教育が正解かどうかなんて一生わからないし、コツコツと、そしてジワジワと終わりが見えない中で過ごす不安と付き合う時間は、とてつもなく長く感じるでしょう。

また私はひとり親としての大変さはありましたが、それも自分が責任を持って選んだ道であり、その上で基本的に私ひとりの価値観で、自由に子どもと関わることができたのですが、夫婦で子育てをしている人の中には色々と協力しながらも、それぞれの考え方が違う場合もあるでしょうから、それはそれで頭が上がりません。

例の福祉業界のファッション好きな社長夫妻は「我が社をブランド化していく」と意気揚々と語っていましたが、それは決してあってはならないことであり、子ども服でも何でもなく、生身の子どもとの関わりにブランドを絡めるということは、子どもを置き去りにした実に身勝手な行為でしかありません。真の子育てや教育というのはまったく華々しくもないし、結果がすぐに出ることもないし、実に泥臭いものなのです。そんな中で、子どもの前では笑顔でどんと構えつつも、その裏でひっそりと思い悩み試行錯誤する姿こそが子どもの栄養となり安心に繋がります。そしてあなたが日ごろお世話になっている昔の子どもたちのように、目の前の子どもはそれぞれの形で将来を担っていくのです。

「気取らず、焦らず、欲張らず」

その為にはまず、あなた自身の人生を楽しみ、心に余裕を持つように心掛けてはいかがでしょう。あなたとその周りが心身ともに健康である限り、どのようなあなたでも、ありのままに価値があり素晴らしいことに変わりはありません。そんなあなたの背中を見ることで安心を手に入れた子どもは、自らの力で大きく羽を広げ始めます。良い意味であなたの予想をはるかに裏切り、彼らの道を、彼らのペースと方法で、ゆっくりと着実に羽ばたいていくのです。

どのような子どもも、本来持って生まれた「ありのままの力を信じて見守る」。これが子どもたちの幸せに繋がる最も確かな方法である、ということを私自身に言い聞かせながら、そして十数年後、この本を手に取った時に「こんな時代もあったなあ」と笑える日が来ることを願いながら終わりにしましょう。

あなたの目の前の大切な子どもは、最近ご機嫌にご飯を食べていますか。

さあ、子どもと関わるすべての人にエールを。

あとがき

私は本を読むことが好きです。主に子どもの成長に関する本を手に取るのですが、一般的には医師や政治家や大学教授や哲学者などの専門家が書いた本が数多く出版されているように見受けられます。「幼少期にはこのような環境が望ましい」「思春期にはこのような関わりを持つことが望ましい」「義務教育はこうあるべきだ」など子どもと直接関わる人へのメッセージには、なるほどと頷けることが盛りだくさん書かれており、私を含めて参考にしている人も多いのではないでしょうか。ところが様々な本を読めば読むほど、モヤモヤとした気持ちが出てきました。確かに冷静かつ客観的な専門家の立場からしかわかり得ないことも多く、そのような知見を得る機会をいただくことは大変有難いのですが、いったいそれがどれだけの人に影響して、どれだけの子どもたちに、どのような形で繋がっているのだろう、という問いでした。加えて、何か一番大事な存在がポッカリと抜けているような感じもしました。

「言うは易く行うは難し」

どんなに専門家が素晴らしい研究を行おうとも、その成果や経験を公開しようとも、親や教育者など、日々子どもに直接関わりがある人たちの「実態」や「思い」が根底になければ、せっかくの貴重な財産を活用することはできません。変化が著しく複雑な今の時代に子どもと関わるには、相当なエネルギーを要します。加えて今の日本では「いったいどんな躾や教育をしているのか」という社会の圧力が凄まじい。そのような環境で大きな不安を抱えながら子どもに関わる立場からすると、率先して「目の前の子どもはこんな問題行動を起こしていて、私はこのように困っています！」と声をあげることはなかなか難しいことです。でも本当は皆さん、この悩みや苦しみをできるだけ多くの人にわかってほしいのです。しかも専門家やカウンセラーといった特別な存在ではなく、何より名もなき人たちに理解してほしいのです。こうした子どもの伴走者である生の声こそが、子どもを語る上では欠かせない存在であろう、という結論に至りました。

そんな経緯もあって、三十年近くにわたり公私ともに一万人以上の子どもたちと関わってきた立場から、専門家の意見を織り交ぜつつ、子どもを取り巻く環境・実態・課題を共有することで、子どもを大切に思う点と点が繋がっていくよう願いながら言葉を紡いできました。誰もが子育てや教育を楽しむには、社会の寛容さが不可欠であり、その土台にはすべての人たちが心身ともに健康であることが求められるのです。

最後になりましたが、私の趣旨に賛同して頂きましたパレードブックス様と出版コーディネーター竹中千賀子様に心より感謝申し上げます。

しい

しい　プロフィール

コロナ前から課題が山積していた教育現場を俯瞰しようと、正規教員を十五年で退職。その後教育コンサルタントの必要性を強く感じ、他職種にて経営マネジメントや子どもを取り巻く環境を検証してきた。

二〇二一年から全国で講師登録活動を行い、公教育の現状や課題を直接聞く機会を得ながら再びｗｉｔｈコロナの教育現場へ戻る。包括的アプローチを行う為、単年度毎に複数の自治体に所属。

これまで保護者・教員・教育委員会・児童福祉施設職員・警察官・家庭裁判官・教育カウンセラー・臨床心理士・児童精神科医・保育士など子どもと関係の深い立場の方々と繋がりを持ってきた。

子どもに関わる人の頑張るほどなぜかうまくいかないもどかしさ、終わりの見えない不安、家庭・学校園・自治体それぞれへの不信感……。

それらお互いの実情を知ることで理解し合い、今を懸命に生きる子どもたちに繋がれば、という思いでこの度の執筆活動に至る。

https://escortrunner-sii.com

子どもと関わるすべての人に
～大人の健康が子どもの成長の土台となる～

2024年2月9日　第1刷発行

著　者　しい

発行者　太田宏司郎
発行所　株式会社パレード
大阪本社　〒530-0021　大阪府大阪市北区浮田1-1-8
TEL 06-6485-0766　FAX 06-6485-0767
東京支社　〒151-0051　東京都渋谷区千駄ヶ谷2-10-7
TEL 03-5413-3285　FAX 03-5413-3286
https://books.parade.co.jp
発売元　株式会社星雲社（共同出版社・流通責任出版社）
〒112-0005　東京都文京区水道1-3-30
TEL 03-3868-3275　FAX 03-3868-6588
装　幀　河野あきみ（PARADE Inc.）
印刷所　中央精版印刷株式会社

ISBN 978-4-434-33374-3　C0037